TAJIMI CITY
Booklet No. 5

自治基本条例はなぜ必要か

辻山　幸宣
地方自治総合研究所理事・主任研究員

公人の友社

目次

はじめに

自治基本条例という耳慣れないものが議論されるようになって3、4年くらいになるでしょうか。全国で自治基本条例と呼ぶにふさわしい条例が、すでに10いくつぐらいできているようです。

いま、一体なぜ自治基本条例というようなものが必要になってきたのか、あるいは必要だと認識されているのか。今日は、このことについてお話をしたいと思います。もっとも私は、現在いくつかの自治基本条例策定委員会の座長を引き受けておりまして、これから市民委員の方たちと検討する段階です。したがって、先に結論めいたことを言ってしまうわけにもいきません。本日は、私が今自治基本条例ということについて、こんなふうに感じていますということをお話したいと考えています。

Ⅰ　「自治」の再定義

1　長く続いた「政府の時代」

(1)　政府部門による公共の実現という体制

自治基本条例がなぜ必要かについて、私は三つの要素で考えています。

一つは、これまで憲法、地方自治法、地方公務員法、地方財政法とかいろいろな法律のもとで運営されてきた地方自治が、新しい状況の中で、これまでとは違った意味合いで「自治」というものを地域に定着させていかなければならなくなった。

それはどういう状況かというと、おそらく日本でいいますと、第二次世界大戦が終わって新しい憲法ができ、地方自治法ができて動きだした戦後地方自治は、半世紀以上の実績があるわけですが、この半世紀の歴史が一つの限界をもたらしたと考えています。それは地方自治の限界だけではなく、実は政府公共部門全体が今ぶつかっているる「壁」だと私は考えているのです。これまでと同じように中央政府の政治・行政、地方の政治・行政の力では地域を支えていくことができなくなってきたのではないか。この点が第一点です。

よく一つの国にはその中に、国家を補助する三つのサブシステムがあると言われています。「政治のシステム」（政府公共部門）と、私たちが暮らしている地域とか家族とか、あるいは同窓会とかいろいろな人間関係が織り成して力を出す「社会のシステム」、それから「経済のシステム」（市場）です。世界の国々もだいたい共通していますが、日本の場合は特に「政府公共部門」が際立って大きいと指摘されています。

もちろん、ヨーロッパも政府公共部門が大きくなって、議論の世界ではこうした肥大化した政府を抱えていくことの「終わり」とか「危機」とか言われています。それは例えば「福祉国家の危機」とか、「現代国家の危機」「ケインズ型国家の危機」というふうにです。政府があまりにも大きくなってしまったということに起因しているという認識がそこにはあります。

どうしてこんなことになったのか。例えば第二次世界大戦以降、世界の国々は、国と国の戦争がなかなかできない体制になりました。第二次世界大戦までは、戦争をしてでも国民を守ってくれるというところに国のありがたみがあったのですが、戦争をしなくなりますと、国のありがたみは「あなたたちの暮らしをみます」というところで発揮するしかないわけです。ですから、「どこに住んでいてもどんな年齢の方でもきちんと皆さんの暮らしは面倒みます」という「福祉国家論」を考えていくことになります。戦後のヨーロッパの国々はこれを目指してきたわけです。ですから国は、社会保障、地域開発・公共事業など、さまざまな分野で力を発揮してきました。そして政府は大きくなりました。

① 市民の「私」への傾斜

日本にもそういう側面はあるのですが、とりわけ日本の場合は社会システムと政府部門との間の変化が急激だったと思っています。「社会システム」とは先に見たように、私たちの暮らしている人間相互の力を出し合う関係です。

戦争に負けてから日本人は「公」という考え方をどこかで捨てたのではないか。自分と自分の家族たちがどうやったら幸せになれるかということをまず第一番目に考えて、隣の人や村全体の幸せは二番目に考える。そして国全体のことは三番目四番目に格下げにした。

これは、戦前の価値観をひっくり返した考え方です。戦前は「自分のことだけ言い募るのは下品だ」と言われ、みんなのことを大事に考えるということを守ってきました。それは一応「公」という観念で考えられていたのですが、その「公」の頂点には天皇がいて、「公」のための戦争の結果多くの人が肉親を失った。戦後の焼け跡の中で多くの人々が「自分」の暮らしをまず第一に選択しようと考えたのは自然の成り行きだったといってよいでしょう。

それが、ちょうど私の親の世代です。そのようにして、私たちは育った。子供たちの食べるものは何とかしようと、学校へ入ったら少しでも上の学校へやってやろうという親たちの思いが人々を受験競争に駆り立てたわけです。このようにして重心は「私」へ、「自分がまず生きる」ということに傾いた。

従って、公共空間が振り向かれなくなった。私の畏友（と呼ばせていただく）である須田春海さんは、社会的な「共通価値」、自分だけの価値ではない隣の人ともみんなで共有している価値、これを「公共」という言葉で表現しようとしていますが、戦後市民は社会的な「共通価値」をどこかで振り捨てて自分の価値を追及してきた。そのために、例えば、道路とか川とかの公共的な領域にあまり関心を払わなかった。その分が全部、政府部門になだれ込んだわけです。

②　行政が共同性代替

水害が起きそうだといえば河川の改修をし、道路に穴ぼこができたといえばアスファルトで固める。つまり、政治公共部門（行政）が、社会の整備について、ほとんどのことを引き受けてやってきた。住民たちが自分でやらなくなった近隣社会の仕事も引き受けるようになったからです。もちろん一部にはまだ自分の家の近所の共有地の草刈りぐらいしようとか、道路の路肩の草刈りをしようとか、道普請には年に2、3回出ようとかいう風習の残っているところもありますが、多くの地域ではそのようなことは行政の仕事と認識されて、行政部門がどんどん大きくなっていったという側面があるのです。

③　行政が積極的に社会づくりに乗り出す

こういうふうに申しますと、市民がサボったから行政が大きくなったとお思いでしょうが、それだけではないのです。

実は、行政の方も積極的に仕事を増やした。それが行政の評価を高めるということになりました。たくさんの税金が入ってきて、そしてそれを使って地域をよくしようという思いが全国の自治体で次々に新しい政策を生み出しました。

とりわけ１９６０年代後半からの革新自治体と言われた時代には、これまでやらなかった生活者のための予算を次々と組んで、福祉の充実、あるいは図書館や保育園をたくさん作った。これもまた、ある意味では、結果的に政府の機能を大きくしていったと思われます。

その他あげればいくつもあります。例えば私企業が工場を作ってものを生産すると、そこから大気を汚染する排煙が出る、あるいは海や川を汚す排水が出る。これを抑えるための経費をその商品のコストに含まなければいけないのですが、出しっ放しにして製品コストを引き下げた。こうして、地域社会にマイナスの効果をもたらしたのですが、これを誰が引き受けたかというと、政府公共部門です。公害対策という言葉で引き受けたのです。

私に言わせれば、私的な産業活動で生まれた害悪を公的に処理するということです。だから公害というのは非常に上手なネーミングだったと思うのですが、そのようにして政府部門の仕事が増えていった。

④　集権システムで自治体行政が多くの仕事を

しかし、決定的だったのは、中央で決定して、これを全国で実施したことです。いちばん分かりいいのは、例えば私たちの育った時代、団塊の世代は毎年２００万人ちょっとずつ、３年間で８００万人ぐらい生まれましたから学校がとても足りない。そこで文部省は学校予算をつけて全国の学校を改築し、ないところには新築の号令をかけた。市町村はそれを補助金として受け取って学校づくりをやりました。これはとってもスピードが速かった。予算もかかったけれども、あっという間に全国の小学校が出来上がった。

学校はもう出来上がったから次はプールにしようと、昭和４０年ぐらいですかね、全国の小学校にプールを作ろうと文部省が決めたら、ほんの１０年ぐらいで全国の小学校にプールができた。そのようにして仕事が増えた。

例えば、生活保護の仕事は市町村の社会福祉事務所でやっていただこうというと仕事が増える。もちろん何分の一かは市町村の負担ですので、予算も増えるという形で実はどんどんと政府公共部門自体が大きくなると同時に自治体の仕事も増えていったのでした。

(2)　その結果　政府活動の効用が低下

①　肥大化して動きが悪い

これがだいたい行き詰まったなと思われたのが1970年代の後半です。世界の国々は、行き詰まったということを前提にして大幅な改革をやりました。日本も一応改革には着手した。1981年に、第二次臨時行政調査会を作り、このままではこの国はやっていけないので、大幅な改革が必要だと、実にさまざまな提案をいたしました。

例えば、社会保険料の問題もそうです。医療にかかった時の自己負担を患者からとろうとか、さまざまなことをやりましたが、その改革の途上でちょうどバブル経済がやって参りまして、ちょっと改革の手綱が緩んでしまった。今バブルが崩壊したあとますますひどいことになっているわけです。

だいたい言われているのは**図1**のようなことです。高度経済成長でずっとのびてきて横ばいに

図１

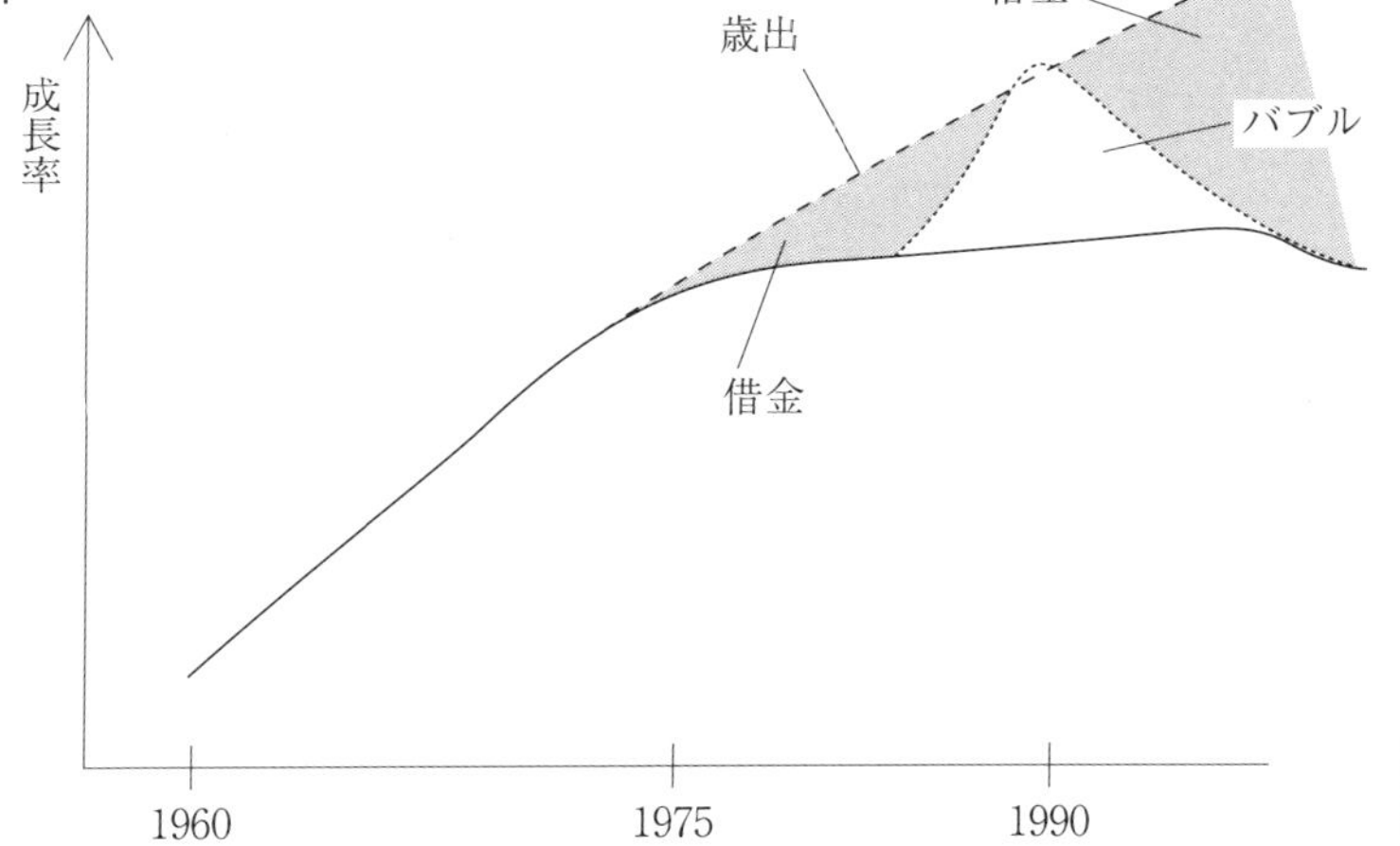

なったんです。この時に当然必要な行政需要は伸びていかざるを得ないわけですから、これを借金でやるか、それとも行政改革をして経費を下げるかという議論を８０年代にしたのです。だけれども、途中でこれ急にこういうふうに上がってしまいました。油断していたらこんなになっちゃった。

今ますますひどくなって、必要な行政需要はどうしてもやらざるを得ないということになると、削れるのです。しかし、政治というのは簡単には削れなくて、「お宅の県から削ります」といったら、そこ選出の国会議員の人は、止めてくれといって運動するでしょう。結局削れなくてこの分借金をして今までやってきた。この部分が今、国と地方を合わせて今年度中に７００兆円になるんじゃないかとか言われる状態になってしまった。

つまり身動きがとれなくなってきたということです。

一つは、住民の方たちがこういうのをやってほしいなという思いがあっても、それを受け付けてから政策になるまで時間がかかる。組織が大きく予算も複雑になっていますし、もちろん財政危機です。そういう意味では肥大化してしまって動きが悪いということが言われるようになってきた。

② コスト調達困難

それともう一つは、これだけの大きな組織を維持していくためのコスト、お金が決定的に調達できないという事態になりました。

政府公共部門が活動のコストをどこで手に入れるかといえば主に税金です。あとは料金を取る。しかし、このコストの調達ができなくなった。つまり増税が全然できなくなったということです。増税ができないのはなぜかというと、政府に実力がないからです。国民が信用していないからなかなかウンと言ってくれません。従ってこれまで随分長いこと増税はありません。地方消費税を1％入れた時の増税ぐらいでしょうか。とにかくコストが調達できていないのです。これは国会だけではなく地方もそうです。実は、地方は実際にとるのは大変ですが、税金を取れるようになっています。分権改革の中で地方は独自に税金を取っていいことになりました。法定外税です。しかし、国と同じように地方も税金を取れていません。それは地方政府の自信のなさからです。増税は、提案する方も慎重になります。議員にしても市長にしても税金を取ると言ったら、「もしかすると次の選挙で落ちるかもしれない」というぐらいに税金を上げるというのは大変なことです。

そういう意味で、今全国で法定外税を取っているのは一体いくつあるだろうか、かなり少ないです。しかも、とれている税には共通点があります。熱海市の別荘税、東京都のホテル税、河口湖町ほかの遊漁税、そして核燃料税や産業廃棄物取扱税など、いわゆる自治体の一般住民から取る税ではない。しかも、これらの税の徴収額も決して大きくはない。このように、今、国も地方も自分で必要経費を調達できる体制にはありません。

一方で、国は国税の中の一部分を地方へ配分する地方交付税交付金の仕組みがあって、地方にその配分金がくるのですが、その交付金も減少傾向にある。

今、国は80兆円台の予算を必要としているのですが、税金は41兆円しか入ってこないのです。従って地方へ配分しなければいけないお金も、滞っておりまして、それも借金でやっているのが実態です。

③　サービスの平均化・質の低下

そういう状況ですので、政府公共部門が果たしてきた役割をうまく果たせない。財政危機とか、フットワークが悪いとか、あるいは、その他の批判ももちろんあります。

その他の問題のなかでは効率の問題が重要です。どれだけコストをかけてどういうものを実現していくかという政策効果を測ることを、これまであまりやって参りませんでしたので、人々に本当に喜ばれるサービスになっているかどうかということさえも確認できずにやってきた部分が非常に多いのです。

そこで今言われているのは、打ち出されている政策の効用と意味が低下しているのではないか。つまり、公共サービスの質も低下してきているし、人々に喜ばれるというような政策にもなっていない。本当に政府というものは必要なのかどうかというような議論になってきているわけです。

どうして低下してきたか、いろんな要素がありますが、要は「独善」に陥っていた。私は語呂合わせで言っているのですが、考えようによっては孤軍奮闘と言ってもいいほど、地域社会における公共サービスのほとんどを行政が「独占」的に抱えてきた。それゆえ、「独善」に陥ると。

住民も私的な生活に目を奪われていたために、行政の活動についてのチェックが甘くなりました。「任せておけばちゃんとやってくれるだろう」と考えてきましたし、そして多くのことはその通りうまくいったのです。任せておけばうまくやってくれた時代がずっと続きました。しかしもうそろそろそれが駄目になってきた。意味のある、有効で高品質な公共サービスを提供するには、政府公共部門ひとりの手ではなく、市民セクターや市場セクターも含めた多くの手を煩わすことが必要だと認識されるようになった。これが自治基本条例の検討を促している第一の要因だと思うのです。

2 「政府の時代」の統治と自治

(1) 縦型の構造が効率的であった

① 機関委任事務体制　Ｉ字型構造

このように、政府の役割が大きい時代に行政の執行システムはどうなっていたかというと、私は「Ｉ字型構造」と言っているのです（図２）。どのような構造かというと、国会が法律を作って、国の各省に行政事務を発生させます。それが都道府県知事―市町村長と縦に指示されてくるのです。「こういう仕事を国会で決めたので来年４月からはよろしく」というふうに、処理の仕方も通

図2

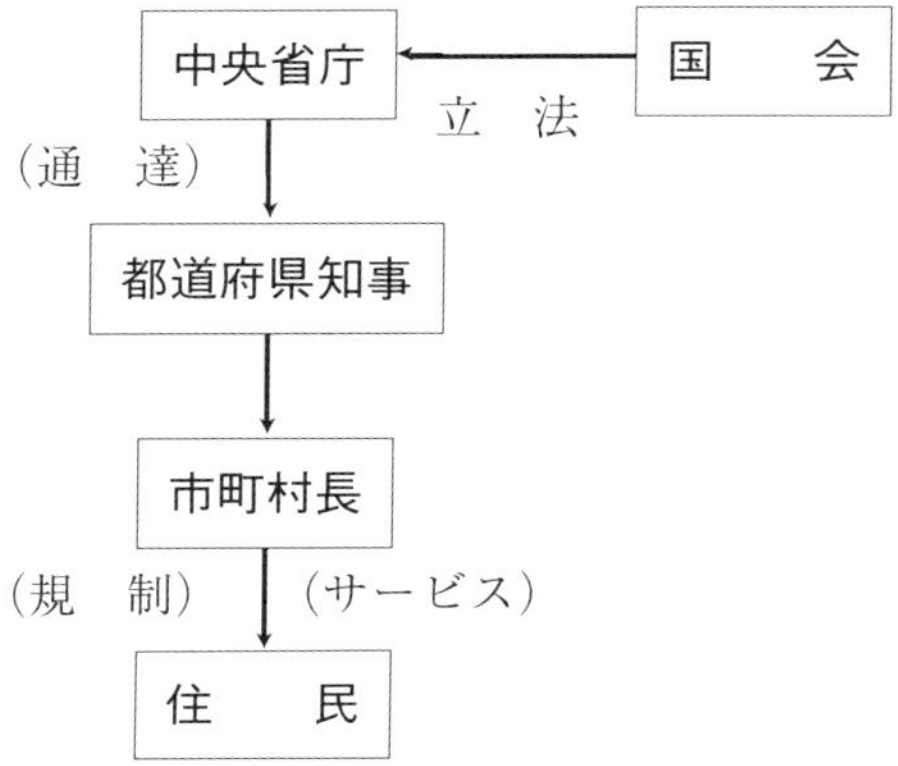

達の形で細かく指示されて、自治体はそれに従って処理をするということになっている。

従って、政策意思の流れが国から地方へ下降する。その末端は誰かというと市民ということになっているわけです。矢印が下を向いているのが特徴です。このようにしてサービスが提供されて市民はそのサービスを受け取る側でしたので、いいサービスかどうかだけチェックしていればよかったという構造になっています。

これを学問の世界では「機関委任事務体制」と言うのですが、なぜこんなに厄介な名前を付けているかというと、市長は皆さんが選んでいるのですが、国の行政からみれば国の機関として行動してもらいたいという法律の構造なのです。国の機関だから、ちょうど局長の下に部長がいて、部長の下に課長がいるように、従ってもらいたいという構造になっていて、指揮系統が貫かれてきたのです。それでこういう名前がついています。しかし、地方分権改革が行われて、この構造は2000年までということになりました。今は機関委任事務という言葉もなくなってしまっているのですが、しかしどれぐらいこのI字型構造が変わったかはこれからだと思います。

もっとも、こういう中央統治型にもメリットがあったから100年以上も温存されてきたはずです。物事が速く進むことが第一で、脇からいろいろいちゃもんをつける人はいませんので、サラッと通っていくのです。発展を目指していた時代には有効でした。それから、公平性や統一性が保たれていわゆるナショナルミニマムの達成に寄与したといってよいでしょう。

② 議会の位置が不明確

ただ、I字構造では議会がどこにあるのかなという問題がある。議会の位置がちょっと見えにくい。これもまたこの機関委任事務制度の特色です。たとえば機関委任事務について議会がその内容や処理方針を変更することは原則としてできない。たとえ市民からの苦情や要望が議会に寄せられても、それに沿う変更はできないのです。こうして、議会に役割があまりないという時代を長く続いてきたのです。

いま、分権時代になって議会の役割は飛躍的に増大しました。機関委任事務制度が廃止され、自治体で処理する事務については原則として条例制定権が認められました。議会の位置と期待される役割を新しく定義しなければなりません。

③ 市民が最末端の構図

もう一つは、国民主権とか言っている割には、その主権者である市民がいちばん末端にいるという構造はやはり問題ではないかということがだんだん意識されるようになってきた。もともと国政は国民の信託によってその権限や権威が与えられているのに、国民の側から新たな注文や提案がなくても全国画一的なサービスが供給され、一律に規制を受ける。このことが今、分権型の時代に向かって問い直しに入ってきたということが言われています。

(2) 自治は国の法令に基づいて行われる

分権改革前の自治というのは、国会の法令に基づいて行われることが大半でした。自治体は何々をしてよろしい、自治体は何々をしなければならない、市長は何々をしてはいけないというふうに、法律で決めて、それが地方に指令されていくということになっているのです。従って、行政や議会の行動範囲、自治体でできること、できないことが法律で決まっている。できることをやるための手続きや仕組みは地方自治法というもので決まっているという時代でしたし、政策の決定の多くは中央でやる、国会で法律を決めてやるというのが常識の時代でした。

そこで、この縦型を維持するために機関委任事務制度というものを作り、上から指令してその通りにやってくれなくては困る、だから、指揮・監督するというようなことが法律にきちんと書き込まれていて、それに従って、自治体が市民に行政サービスを提供する。

この行政サービスは、例えば、公平に提供されなかったり、あるいは特定の人に不利益を与えた時は、訴えることができる。訴える先は一応自治体政府なのですが、こういう体制ですから、国家賠償という言葉があって、全体で国民に対する責任を負います。当たり前ですよね、指示されてやったことで誰かが訴えられた時には国もちゃんとその賠償金を支払うという前提でやっておりました。

このような構造のもとに地方自治は戦後半世紀続いてきたと考えていただければいいのです。

ここのところを押さえておかないと「新しい自治」というのはなかなか見えてこないのです。

3 改革しようという動き ―協働型自治社会へ

(1) 地方で決める、市民が決める

これを改善しようとする動きがでてきました。つまり中央で決めるということは全国一律ということなのですね。これはどうもうまくないということ、こんな簡単なことが分かるようになるのに時間がかかったのです。

建築基準法という法律があって、全国一律です。雪の積もる地域と沖縄のように雨や台風の多い地域とでは建築物の構造が違うべきだろうということが真っ当に言えるようになったのは、実はそう古いことではない最近の話です。このようにそれぞれの地元に合った建物とかまちづくりとか、人々の事情や地域の風土に見合ったサービス・基準になっていないのはおかしいという声

が出てきた。

もう一つは、行政のやることは公平でなければいけないというのは大事なことですが、公平を重視すると少数の人の必要としているサービスになかなか目が向かないのです。どうしてかというと決定は政治がするからです。政治がごく一部の人のためにやると、これは汚職に近くなりますから大多数の人々にとっての政策を中心に考える。

そこで出てきたのが、いわゆるボランティアとかＮＰＯとかワーカーズ・コレクティブと言われているような動きです。例えば世の中のことについてとても関心があるのだけれども「最近もう目が見えなくなって」というお年寄りのために、市役所がサービスを決定するには結構いろいろあるのです。制度を作って、議会を通して予算を付けてと、大変です。しかも、その対象者がごく一部の「稀な欲求」だとしたら、なおさら大変です。

それならば、それを「ご近所の人達で支えよう」という動きが出てきた。「月曜日は誰々さんが行って新聞を読んであげましょう」、「火曜日は誰々さんが行って週刊誌を読んであげましょう」というような簡単な支え合いでできることが分かったんです。法律や政治・行政の世界ではなくて、小さな要求を小さな組織で支援するというようなことが可能になってきました。これがＮＰＯなどサードセクターがどんどん出てきている一つの背景です。

このようにして、中央で決める全国一律の平均的なサービスよりも、本当に必要としているところへできる人が行ってやるというような世界が加わってきた。これによって地域社会の共通的な価値（公共）を実現していくのは行政だけでなくてもいいのだということが少し分かってきました。

地域の公共サービスはボランティアでやってもいいし、NPOのような組織を作ってやってもいい。それが当たり前だと思える人が増えてきた。もしそのことを今までよりももっともっと多くそこに住んでいる人達が分担するようになれば、おそらく今抱えている自治体の財政的な負担が大きく軽減されるに違いありません。それは決して自治体財政の尻ぬぐいを意味するのではありません。なぜならば、自分達の自治体の財政負担が軽減されるということはありません。それは取りも直さずそこに住んでいる人達がその自治体を経営することに成功している証拠だと考えるべきだからです。財源をどこに回せばいいかということも、その過程を通じて分かるようになっていくに違いありません。

ただし、日本の場合ちょっと複雑で、あまり経営に成功していないところでも交付税がくる話をよく聞きますが、国のその措置に依存することで「儲かった」と考えるかどうかということです。自治の基本は、自分達で作っている、自分達の自治体だから自分達で経営の一端を担うという形で、できることは市民がやるというのは主権者として正しい姿勢だと私は考えているのです。

(2) 市民が「自己実現」の場として地域を見直す動き

改善する動きの二つ目は、ボランティアなどに関係があるのですが、「自己実現」という言葉をめぐってのものです。今まで市民たちは、長いこと「道路を舗装してほしい」、「川は洪水のないようにしてほしい」など、いろんな「欲しい」「欲しい」を言ってきたのですが、それによって本当に人間らしく暮らせる地域社会ができたのだろうか、ということを振り返ってみる余裕が出てきたと思います。

そうやって振り返った時に、自分らしく生きる場所はどこか、それは取りも直さずこの地域しかないということに気がついた人達は、行政とか何とかに関係なく、自分達の地域をよくするためにまず行動するようになった。それは皆さんもあちこちで見聞きしているでしょうし、その当事者の方もおられるだろうと思います。小さなことからではありますが「自己実現の場」として地域を大事にしていくという風潮がかなり出てきた。

任せておけばやってくれるという世界が崩れかかってきたのではないか、ということも指摘されています。それは多くのところで実施されている住民投票のように、「私たちにも決定について意見を言わせてもらいたい」、「意見を表明させてもらいたい」と言う形ででてきました。このことも、ある種の「お任せ主義」から抜け出て、自分達でこの地域を考えるという人々が増えてきたという証拠です。

(3) 市民活動で公共性実現

ボランティアとかＮＰＯのように自らサービスを生産して、それをお届けする、例えばお年寄りのための給食を皆で作って、寝たきりの方たちにお届けするというようなことも始まっています。必要なサービスを市民が生産し提供していくという新しい世界、これによって政府公共部門の「公共なるもの」の独占状態が明らかに崩れていこうとしているのです。

これまでは、行政に依存し、必要なことは要求し、つまらないことをやった場合には批判し、という形で行政と向き合って、「行政がちゃんとやればこの地域は旨く治まっていくのだ」、「行政がちゃんとやらないから駄目なのだ」という理屈だったのです。しかし今は、行政だけがこの地域社会の幸せを実現するのではないということが分かった。そこで、誰がどんなことを引き受けてやっていけば、この地域社会は旨く治まっていくのかということを設計し直さなくてはいけなくなったわけです。自治の「再定義」が必要になったのです。

行政はこの辺のことについてはちゃんと押さえて、この役割だけはやる。市民はその行政のサポートをこれぐらいします、あるいは市民活動のサポートを行政がどれぐらいやります。議会にはどういう役割を期待します、というようなことを設計して、それによってこの地域社会を維持していく、こういう時代に今は入ってきたと思っているのです。これがおそらく「自治基本条例」を必要としている第一の理由ということになりましょうか。

Ⅱ　自治体の憲法づくり

―私たちの信託のかたち

1　国政に信託 ──内容は憲法に列記

つぎに、「自治基本条例」を、どうして「自治体の憲法」とか、「私たちの憲法」という言い方をするのかについて、お話をしようと思います。

図3で国会を例として上げておきました。「そもそも国政は国民の厳粛な信託によるものであって、その権威は国民に由来し、その権力は国民の代表者がこれを行使し、その福利は国民がこれを享受する」。これは憲法前文の一部ですが、要するに私たちは「国政に対して信託を行う」と憲法に書いています。国政は何を任されるのかというと、「平和を維持し、専制と隷従、圧迫と偏狭を地上から永遠に除去し」、自由と生存の権利を国民に保障することを任されるのです。

それから、国民を幸せにするためには国民同士の争いを裁くという権力を与えなければいけません。例えば「泥棒に入った人は捕まえますよ」というようなことです。もちろん正しい手続きを経た上でのことです。信託した国会が決めたことですので一応私たちは理屈が通っていれば、それに従いますという約束をしているのです。例えば「人は歩道のあるところでは歩道を歩きま

図3

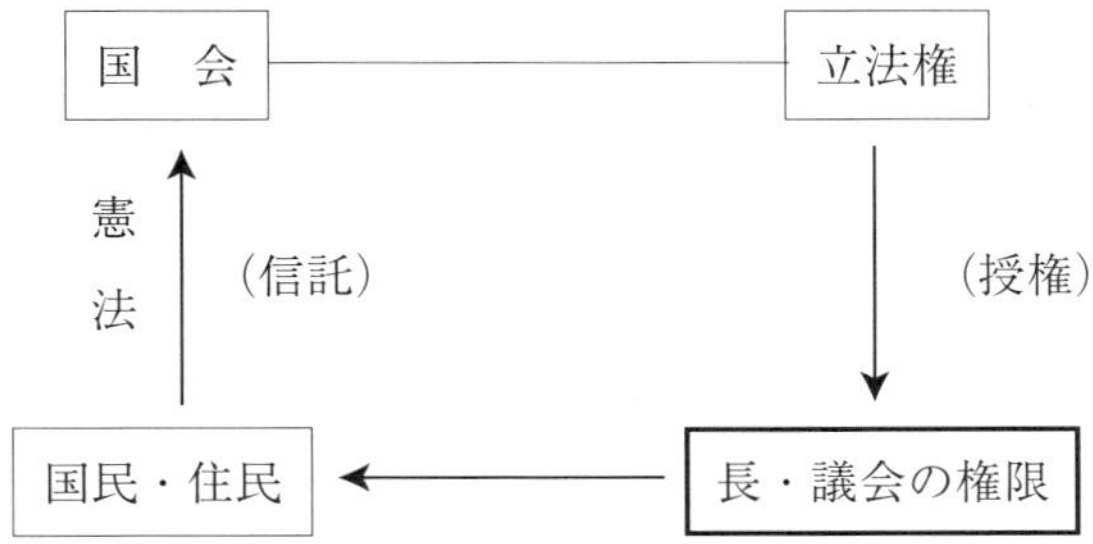

しょう」ということを道路交通法が決めておりますので、私たちはそれを守ります。歩道のあるところでも車道を天下の往来だといって歩くことはしないのです。それはここで約束をしているからです。

だから「信託」というのは一方的に何かを与えることではない。与えたからには自分たちが引き受けるということも含まれています。例えば税法で税金の種類と金額が決まったら、今月はきついけれども税金はやはり払いましょうというふうに国民が約束をする。

その約束ごとを一覧表にしたのが憲法です。だから、国政に信託すると言っているけれども、なんでもやっていいわけではないのです。どこまでできるかということが憲法の中に書かれています。国民を幸せにする、例えば「すべて国民は健康で文化的な最低限の生活を営む権利」（憲法二五条）を保障しますと言っているのはこの契約によって成り立っているからです。

この「信託」の中には、当然、法律を作るという権限が与えられている。国会は法律を作ってよろしい。この中に例えば、地方自治法も入っているのです。地方のことについては地方自治法という法律を国会が作るということになっていますが、この地方自治法が許している範囲で長とか議会あるいは市民の権利というのもあります。直接署名を集めて直接請求することができるとか、財務について監査請求をすることができる。全部地方自治法に書いてあります。しかし、国会だからといって無制限に法律を作っていいというわけではないというのも信託の内容です。一例をあげると、「地方自治の組織及び運営に関する事項は『地方自治の本旨』にもとづいて『法律で』これを定める」（憲法九二条）とされている。つまり、「「地方自治の本旨」に違反する法律はダメですよと、国会にも制約を加えている。

自治体政府の活動の原理と市民の自治権は一体どこから与えられたのだろうかというと、信託された国会が法律を作り、その法律の許す範囲内で自治が保障されているという考え方、長いことこれが通説的な見解でした。

しかし今日では、この理解だけでは説明しきれない状況が存在するといわざるをえません。なぜならば図1のように、長、議会、市民があって、信託している国民はじつはそれぞれの地域の市民にほかならない。だから市民が自分たちで信託をして、憲法で約束事を一覧にしていることになるのです。その憲法には国会が立法機関だと書いてあるから法律を作るわけですけれど、この法律で私たちのまちの自治の設計図がすべて書き上げられているのだろうかという問題があります。法律に基づく自治を私は国から許された範囲の地方自治と考えているわけですが、それはそれで必要なのです。

2　住民自治機構としての自治体政府へも「信託」——内容は、自治基本条例

国の仕組みは議院内閣制といって、執行機関の長（内閣総理大臣）が国会から選ばれます。したがって総理大臣が主宰する内閣は連帯して「国会に」責任を負います。しかも、国の制度は国会の立法にもとづいて行政を行うのが原則ですので、国会の委任のないことを勝手にやるわけにはいきません。

しかし、地方自治体の場合は違うのです。議会が決めたこと以外にも市長は自ら市の代表者としてやっていいことはあります。それは、執行機関の長である市長が議会と同様に住民の直接選挙で選ばれているからです。こういう仕組みを「首長主義」または「二元的代表制」といっています。そういう違いを反映してどうやら国政への信託にはじまる自治とは違うタイプの信託があるんじゃないかというのが次の図4です。

つまり、国民・住民がいて、国会があって、そして長と議会と市民の権利、こうなっているわ

図４

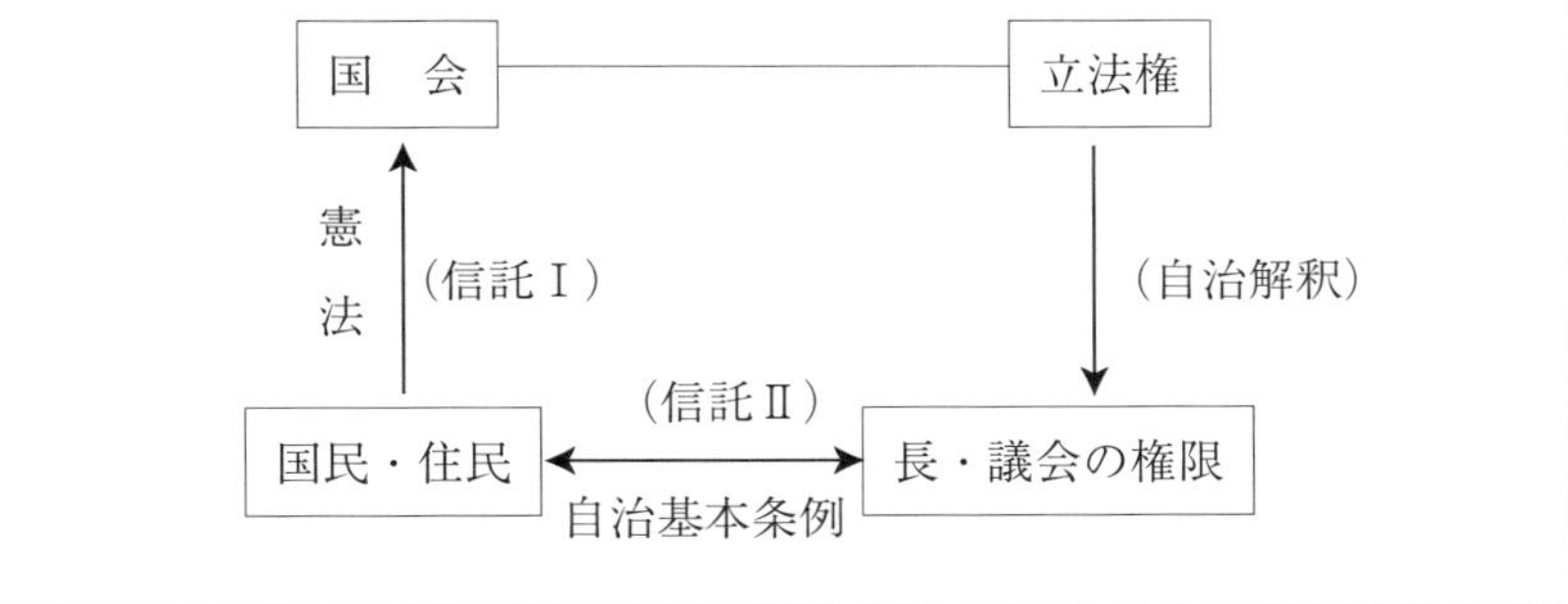

けです。しかし、私たち国民が国政に対して信託しているということ、これを「信託Ⅰ」としますと、これによって主権のすべてを信託してしまっているかというと、どうもそれでは説明がつかない。

　というのは、国会の立法をもってくればなんでも地方の自治のことが自由になる理由が説明しにくいのです。むしろ、長・議会という自分たちが選んだ代表者たちによって構成され経営されている自治体政府に対しても信託しているんじゃないか。これを「信託Ⅱ」としましょうか、この二つのタイプの信託がある。国政に信託するというのが基本ですが、全部任せているわけではない。一部地域的なことについては法律で決め切れないはずだ。その部分は別の信託行為が行われている。これを提起されたのが松下圭一さん（法政大学名誉教授）の「二重信託論」（『市民自治の憲法理論』岩波新書）です。

　この図で見ると、例えば自治体における長や議会の権限や行動の規範は一方で国の法律（多くは地方自治法）によって根拠づけられますが、他方では、その根拠は住民の自治体政府への信託にあるのだということがお分かりだと思います。

しかし、今まで、自治体政府と住民との間に交わす契約書がなかったのです。これまでは、地方自治法という法律があって、地方自治についてはこの地方自治法が契約書の一覧だと思われてきたフシがあるのですが、どうも違うみたいだ。なぜならば、それは国会の意思なのであってそれは国政信託の反映にほかならないと思われるからです。

そこで地域ごとにこの信託関係を契約書として明らかなものにしておく必要がある。それが「自治基本条例」なのです。憲法が国民と国政との間の契約事項を一覧表にしたのと同じように、自治体においても、市民と自治体政府との間の信託を契約書として一覧表にしておいたらどうだろうか。そして、それを自治基本条例というふうに位置付けたら整理がつくのではないか。これが私の考えている第二の理由です。

Ⅲ　地方分権改革との関係

1　分権改革がめざしたもの

(1)　サブシステムのバランス回復を設計する

自治基本条例の必要性が叫ばれるようになってきた理由の第三番目が「地方分権改革」です。2000年から、この国は地方分権型のシステムに変更しましたよ、ということになっている。しかし、現実問題として「分権改革があって良かったな」と、「こんなに変わった」というほど、実はあまり変わっているものはないのです。

先ほど、三つのサブシステムの間のバランスが悪くなっていると言いましたが、大事なことは、今度の地方分権改革は、一枚岩のように見えていた政府公共部門を国と地方に分ける試みだということです。これまでは、国が指令したら地方が動くシステムだったわけですが、この塊を、ちょ

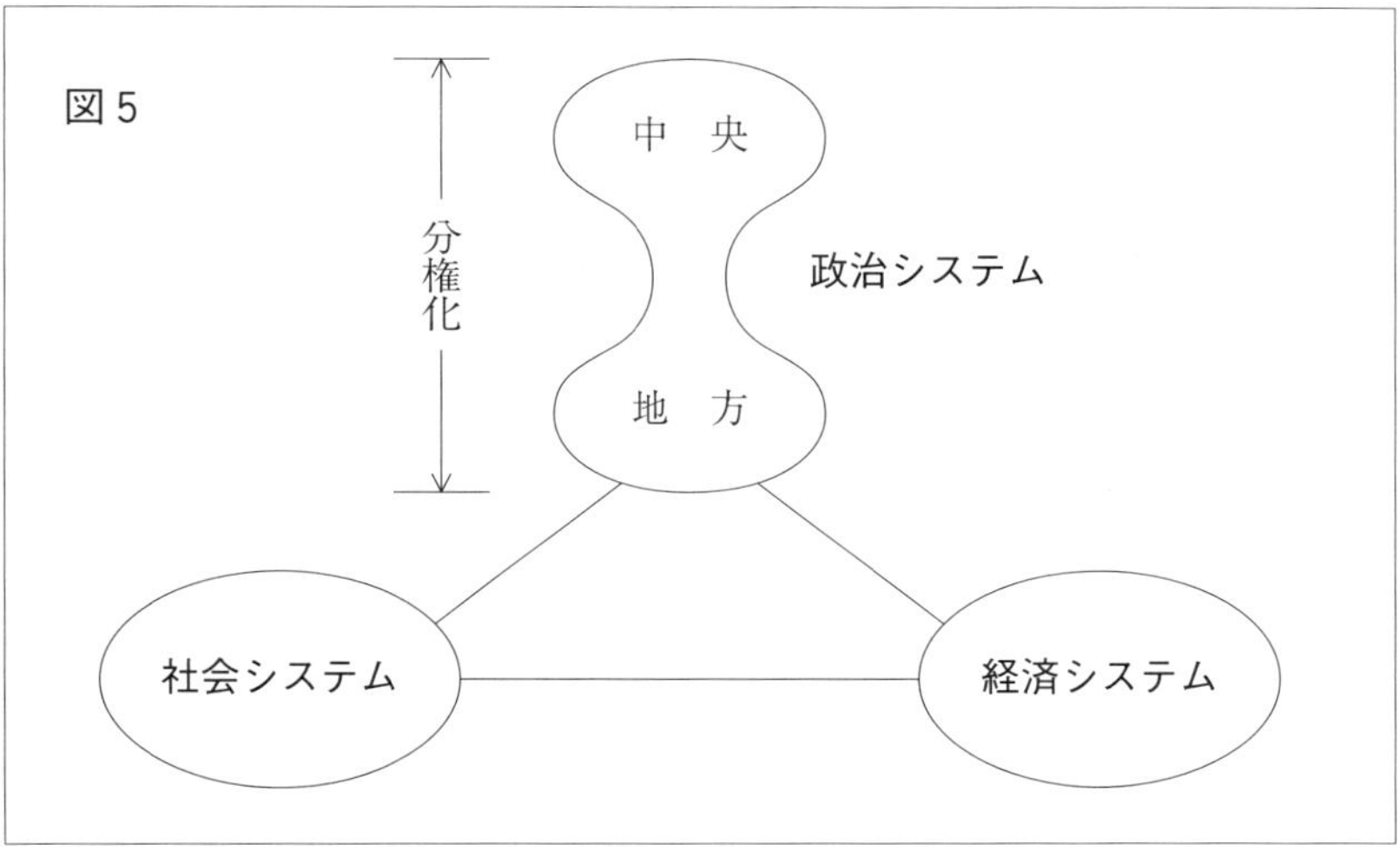

うど丸いゴム風船を両手でギュッと絞ったような形にするのが分権改革でした。一方が中央、もう一方が地方、それぞれの政府に分けてみよう。ただし、日本の場合には切ってしまうまではできませんでした。国の決めた法律を地方は守らなくてもいいよというわけにはいかないのです。また、補助金や交付税など国の役割を残したままの改革に終わったこともあります。それでも一応ここでくびれを入れて他人付き合いのできるようにしようというのが今度の分権改革です。

従って、これによって何かが実現するというわけではないのです。つまり、分権というのは政府公共部門の内部の話なのです。分権によって実現しようとするものは何かというと、図5

の地方政府と社会・経済を結ぶ三角形に関係があります。つまり地方ごとに、地域社会または市民社会の「社会システム」、それから地元企業とか事業体とか商店とかによる「経済システム」、それと地方政府システム、この関係を再構築することが、分権によって比較的自由になりましたので、地域ごとに考えていったらどうか、ということです。だからこれは市町村ごとに構築するとすれば2000とか3000とかというような関係がここでできてくる。

この関係を作っていくときに大事なことは、実は、この風船の中の空気の総量は一緒だということです。どうやったらこれが全体として少しスリムにできるかといえば、政府部門の空気を「社会システム」にそして「経済システム」の方に抜くことです。今まで抱え込んできた様々な仕事を地域社会に返して委ねていくということをやればこの風船の中身の空気はすこしづつ減っていく。

例えば、PFIをここで活用したら、地元の事業者もいいし、行政も楽になるのではないかとか、いろいろな提案があります。要は、自治体政府とそこに住んでいる人々と、事業体との間で地域社会を設計していく。最近流行りの言葉ではガバナンスと言います。

それぞれが持ち場と能力を認識して力を出し合って地域社会を作っていこうというのです。その時に自治体政府はどれぐらいの役割を担い、市民社会はそれについてどういう権利を留保しているのか。市民社会自身が何をするのか、できるのか。企業には地域との間にどういう社会的契約を結ぶことが可能だろうか。地域の環境や人々の暮らしにより良い商品を市場に提供することを目指そう。いわゆる社会的規制をどうするかについても一緒に考えていこう。そういうセクター間の諸関係を設計し直して、地域社会を自分たちがコントロールできる仕組みに組み替えたらどうかという考えです。

2　自治責任のとりかた

(1)　指揮・監督の廃止

かつて、市がつまらないことをやると県が口出しする、県が何か間違ったことをやると各省が「お前何をやっているんだ」と叱る。つまり介入、矯正、是正、などをやっていた。要するに、親のような気持ちで「お前それはまずいぞ」と言ってくれていたのです。これが、先ほど言った縦型の「I字構造」というもので、国は仕事も押し付ける代わりに失敗についてもちゃんと監視していて、市民にあまり迷惑をかけないようにしていた。

ところが、分権改革でそういった「後見的」介入は駄目になりました。一定のルールの下でしかできなくなって、これまでのように自在に「それはいかん」「あれはいかん」などと口出しすることができなくなりました。そうすると、今まで地方政府の動きについてちゃんと監視してくれた親のようなものがいたのに、今は「口出ししてはいけない」ということになっていますので、自治体政府が間違えたときは、市民の責任で矯正もしていかなければならない。

(2) 市民が最終的な責任者

国が口出しない分だけ自治体政府の行動を監視し、過ちを指摘し、是正していく、その責任は市民に戻ってきたと考えるべきだと思います。

なぜなら、市民が信託した以上は、その失敗についても市民が責任を取るということでなければいけない。従って、この「自治基本条例」というのは有能な行政マンあるいは法律家が条例案を作って、「さあこれでいくよ」というのではなくて、市民が自分たちの責任で作るという側面を大事にしなければいけないと思うのです。自治基本条例は市民自身がどれだけその地域社会の自治に責任を負うかを含みますので、市民自身の手で作るという構えがどうしても必要になってくると私は思っています。

では、自治基本条例がなければ、何か明日から困ることが起きるのでしょうかというと、ほとんど起きないのです。必要なことは法律に書いてあり、法律で不十分なことや新しい分野については市の条例が幾つもあって、それぞれ解決できるように設計されているのです。だから自治基本条例ができたことによって、これまでできなかったことが突然できるようになったりすることはありません。

たった一つ言えるのは、どんな自治基本条例ができたにせよ、行政が窮屈になることは間違いないのです。市民が行政に託した権限・役割が書き込まれていきますと、それに対応する責務が発生します。当然その責務が果たされているかについての監視の責任は市民ということになりますので、行政は常に市民の目を意識しながら公正な手続きで仕事を進めていくことが要求されます。

ですから、どこの自治体でも自治基本条例の議論に際して、最初は職員たちも「絶対必要だ」、「どこにも負けないものを作ろう」と張り切ってとりかかるのですが、途中から萎えていくのです。例えば市民に対する「説明責任」とか「応答責任」とかというと「えっ、これ全部にかぶるのかい」ということになると、仕事がやりにくいことがすぐ分かります。そこでだんだんと腰が引けていく状況が生まれています。

だから、あまり肩に力を入れないことが大切です。できあがって第一にその影響を被るのは行政のやり方であって、それ以外の市民生活、福祉といったものについて自治基本条例が直接何かを生み出すものではありません。理念と大きな枠組み、この市の運営は市民が動かすのですというような原理が中心になることが多いようです。

その意味では、無くても不都合はないのですが、行政の独り舞台が崩れた今、どういうふうにしてこのまちを運営していくのかについて、「設計図のないまちづくり」という変な状況になりますので、まちづくりについての各主体の役割と進め方についてルール化しておくことが必要だと思うのです。

3　なぜ、地域ごとに作るのか

先ほど、信託の関係で、国政にだけ信託しているわけではなく、自治体政府にも一部信託しているという考え方でなければ、なかなか説明がつかない分野が増えたと言いました。

それから、分権改革によって、市民が決定に参画し、市民が自治体を監視し、市民が過ちを正していくのだと申し上げました。とすると、その限りで言えば、それは全国共通ですから法律で定めればいいのではないかと考えませんか。

なぜ自治体ごとに基本条例を作る必要があるのか。国の法律でつくるのではなくて、地域ごとに作る意味を申し上げます。

まず、自治体ごとにこれまでやってきた「自治」の中身が違うということがあります。要するに、素晴らしい自治の実績を積んでいるところと、まだ行政にお任せ切りのところといろいろあります。

それから、市民の自治する能力。市民が自治の実績を積み重ねてくる間に、いつの間にか、いわゆる行政に依存しているだけ、要求するだけの市民から、まち全体のことを考えるような市民に少しずつ生まれ変わっているという前提です。

一応それを「自治力」と言うとして、これが自治体によって違うのです。どこまでできているかで、それに見合った条例を作らなければ、結局、身の丈に合わないものになってしまいますので、これはどうしても自治体ごとにやらなくてはいけない。中身は何かというと、これまでに他に先駆けて条例化してきたとか、手厚い条例をしてきたとか、条例を作るときに参加をどれぐらい実践してきているとか、そういうことです。

もちろんこの中には、例えば、市の行政がどれぐらい客観化されているのかも入ります。課長の気分次第で動く行政なのか、それともきちっとした計画とルールに則ってやられている行政なのか、ここにもやはり異なる水準がある。この水準に見合った条例を作っていくことが必要だということです。

それと、もう一つ、ニセコの「まちづくり基本条例」研究会の会長をされていた木佐茂男さん（現九州大学）が、自治基本条例の意義について「市町村長や議会が選挙で変わっても後退させない、誰がなっても、このレベルからは後退させないという自治の水準を明確にして文章化しておく、そういう役割を持たせたいのだ」という趣旨のことを言っています(『わたしたちのまちの憲法—ニセコ町の実験—』)。これは大変大事なことだと思います。

それからもう一つは、後退させないだけじゃなく、加えて、将来にわたって大切にすると合意できるものがどれぐらいあるのかということです。

例えば、日本国憲法を作るときには「平和」を守っていくという将来にわたる合意を形成して憲法に書き込んだ。これは政策論ではない。どれぐらい軍備を整えるとか、今度のようにイラクへ行くとか行かないとか、そういう問題ではなくて、平和をこの国の基本にしますという選択だったはずです。それぞれの地域には伝統的な産業とか文化とかありますね、それを皆でどんな状態になっても守っていこうというようなものとして書き上げていって、皆で合意していくという作業があってもいい。また、教育というようなことについてもなかなか中身がはっきりしていませんが、何かしら共有していける、教育についての共有できる考えがあれば、そういったものを書いていく。

これは、参加した市民の皆さんが、このまちは何を大事にしていくまちなのかということの合意を形成し、皆で共有していく作業の中から生まれることだと思うのです。そういうものは、自治体ごとに違っていて当然なのです。全国一律であるわけはない。

というような意味で、これは、国の法律ではなくて、それぞれの自治体の自治基本条例という形でつくっていく必要があるのだという気がしております。

Ⅳ 自治基本条例の制定動向

それでは、今、自治基本条例はどれくらい制定されているのでしょう。**表1**に掲げてあるのは制定済みのところです。ただし白状しますと、何が「自治基本条例」に該当するのかという定義がない。このほかに例えば、大阪府箕面市の「まちづくり理念条例」というのがあったりとか、そういうのはいくつもあるのです。

そういう状況ですので、現在、これが自治基本条例だといえるようなものを目指して各地で知恵を出し合っている段階です。ちなみに、この一覧表は私が調べたのではなくて、神奈川県自治総合研究センターで私が座長をやっております「自治基本条例」研究チームの調査です。

ではなぜ、これを出したかといいますと、条例の名称を考えるためです。見てお分かりのように「自治基本条例」と言っているのは、一つしかありません。世間では「自治基本条例」とか、「自治体基本条例」、「市民自治基本条例」、とだいたい「自治基本」までは共通しているはずですが、条例になると名前が違っている。

この意味をどう考えるか。

これは是非、皆さん条例案作りをやられるときに念頭に置きながらやっていただくといいと思います。名称にこだわる必要はないということです。

問題は、その条例を支えている基本的な理念、市民と自治体政府の関係、市民と議会、市民と執行機関の関係図がしっかりしていればいいのです。

一、二の自治基本条例について、簡単にコメントしておきます。

①「北海道行政基本条例」

なぜこのような名称かというと、議会について一条も書かないという方針だそうです。従って、自治体政府の中の執行機関である行政部の運営の原則と限界についてだけ書きますと言っ

表1　「自治基本条例」一覧

自治名	条例名	施行年月日
北海道ニセコ町	ニセコ町まちづくり基本条例	平成13年 4月 1日
埼玉県志木市	志木市市政運営基本条例	平成13年10月1日
兵庫県宝塚市	宝塚市まちづくり基本条例	平成14年 4月 1日
兵庫県生野町	生野町まちづくり基本条例	平成14年 6月 1日
北海道	北海道行政基本条例	平成14年10月18日
青森県倉石村	倉石村まちづくり基本条例	平成14年11月1日
東京都清瀬市	清瀬市まちづくり基本条例	平成15年 4月 1日
石川県羽咋市	羽咋市まちづくり基本条例	平成15年 4月 1日
福島県会津坂下町	会津坂下町まちづくり基本条例	平成15年 4月 1日
埼玉県鳩山町	鳩山町まちづくり基本条例	平成15年 4月 1日
東京都杉並区	杉並区自治基本条例	平成15年 5月 1日
静岡県浜北市	浜北市市民基本条例	平成15年 7月 1日
新潟県柏崎市	柏崎市市民参加のまちづくり基本条例	平成15年10月1日
兵庫県伊丹市	伊丹市まちづくり基本条例	平成15年10月1日
新潟県吉川町	吉川町まちづくり基本条例	平成15年10月1日
東京都小金井市	小金井市市民参加条例	平成16年 4月 1日

ています。

だから、先程触れた「自治体の憲法」というのにはちょっともの足りないかなと思う。なぜならば、憲法の中に議会がないというのは考えにくいからです。この条例の「私案」を作成し、条例制定にも深く関わってきた北海道大学の神原勝さんはこれとは別に「議会基本条例」の制定が必要だと説き、自治基本条例は行政基本条例と議会基本条例の二本で構成されるとしています（『北海道行政基本条例論』公人の友社）。

しかも、この行政基本条例についてだけみても、行政運営について独善的にならず、市民に公開し、説明責任を負ってきちっとやっていきますという条例としては極めて水準の高いものになっていることは間違いありません。

②「ニセコ町まちづくり基本条例」

これが日本で自治基本条例の議論をする場合に第一号の栄誉を担っている条例です。この条例の特色は、第一人称で書かれているということです。たとえば「目的」について「まちづくりにおけるわたしたち町民の権利と責任を明らかにし、自治の実現を図ること」（第1条）と書いている具合です。

そのほか、「わたしたち町民がまちづくりに関する情報を共有化すること」（第2条）、「わたしたち町民は、まちづくりの主体であることを認識し、総合的視点に立ち、まちづくりの活動において自らの発言と行動に責任をもたなければならない」（第12条）などです。

これで全部書き抜けるかどうかというのはこれからの作業の中でだんだんはっきりしてくると思うのですが、なかなか他のところにも見当たりません。大体これぐらいの数がいま制定されていますよという意味ではあまり参照にすべきものが多くはないということが分かっていただけるとありがたいのです。

私の感想からいえば理想的で素晴らしい条例を作ることはそう大変なことではありません。数は少ないとはいえこれだけのものを集めてきて、それに専門家たちが参加して、「憲法の理念をもっと生かそうよ」とか、「平和主義を入れよう」とか、いろんなものを盛り込んで立派な条例を作り上げることはできます。

でも、そのこととそれをこのまちで、これを基本にして作っていこうよというふうに人々が同意していくということは別なものです。ですから、いい条例を作ることを目指さない。皆が一緒に担いで走れるような条例の作り方を目指すことが大事だと考えています。

V　なにを定めるか

それでは、自治基本条例には何を定めるかということと、作り方について、参考になるかなと思いますので申し上げておきましょう。

今までの自治基本条例を見てみますと、大きく三つのことについて書かれているようです。

一つは「自治体政府の組織・運営原則」を書いていこうというやり方です。

二つは「自治体政府と市民の間の権利義務関係」を中心にして書かれているというものがあります。

三つは「全くの理念」を大事にしようというものです。理念だけで書かれている自治基本条例はまだ見たことはありませんが、例えば「箕面市まちづくり理念条例」のように、「市民は、まちづくりの主体であって、まちづくりに参加することにおいて平等であり、市民相互に協働するとともに、市と協働してまちづくりの推進に努めるものとする」（第3条）、「市長は、市民がまちづくりに参加することができるように、その条件の整備及び情報の公開に努めるものとする」（第4条）というような高い理念だけを書き上げていくというやり方です。

おそらく、それらの組み合わせで、どこかに重点が置かれるということになるのでしょう。

図６　自治基本条例の構造（神原モデル）（参考）

前文

憲法的価値の実現　豊かな市民社会の構築　市政の理念と原則　札幌市の憲法

目的（第１章　総則　第１条）

市民主権の市政の実現　市民福祉の実現　地方自治の本旨の実現

理念（第１章　総則　第３条）

情報の公開と共有｜市民参加の市政の推進｜多様な主体との協力｜行政活動の原則｜行政組織と職員政策｜議会と議員活動の原則｜構成と信頼の確保

複合的な制度活用　分かりやすい制度

制度と原則（第２章―第８章）

第２章　情報の公開と共有

- 市民の知る権利（第４条）
- 行政の説明責任（第５条）
- 個人情報の保護（第６条）

第３章　市民参加の市政の推進

- 市民参加の権利（第７条）
- 参加機会の保障（第８条）
- 市民参加条例（第９条）
- 市民投票制度（第10条）

第４章　多様な主体との協力

- 近隣自治体との協力（第11条）
- 道との協力（第12条）
- その他の自治体との協力（第13条）
- 国との協力（第14条）
- 国際交流活動（第15条）

第５章　行政の政策活動の原則

- 総合計画等(第16条）
- 財政運営等（第17条）
- 法務体制（第18条）
- 政策評価（第19条）

第６章　行政組織と職員政策

- 行政の意思決定（第20条）
- 行政組織の編成（第21条）
- 職員政策等（第22条）
- 市民委員会等（第23条）
- 出資団体等（第24条）

第７章　議会と議員活動の原則

- 議会の情報公開（第25条）
- 議会の市民参加（第26条）
- 議会の自由討議（第27条）
- 議会と市長等の関係（第28条）
- 議員の研修体制等（第29条）
- 議会基本条例等（第30条）

第８章　公正と信頼の確保

行政手続（第31条）　外部監査（第32条）　オンブズパーソン（第33条）　競争入札（第34条）
市長交際費等（第35条）　政治倫理条例（第36条）　職員倫理条例（第37条）　職員の報告（第38条）

責　務（第９章　市民、市長、議員及び職員の責務）

市民の責務（第39条）　市長の責務（第40条）　議員の責務（第41条）　職員の責務（第32条）

最高規範性（第10章　最高規範性と見直し手続）

最高規範性（第43条）　見直し手続（第44条）　市民投票手続（第45条）

（神原勝「札幌市自治基本条例案」の構造

1　自治体運営の基本原則

①　二つの信託が矛盾しないこと

そこで「自治体運営の基本原則」についてですが、国民として国政に信託をしていることと、その地域の住民として自治体政府に信託をしていることの二つの信託がぶつかり合うというのでは矛盾が生じて、解決ができませんので、できるだけこの二つの信託が整理されていることが必要だと思います。

②　国政への信託が優先するがすべてを法に授権したわけではない

例えば、法律事項について別な事を書かないこと、というのが出てきます。市民の思いを実現していくために、今の法律の書き方が本当に問題だというときには、条例で正しい書き方をしてもいいのです。

その先の扱いは国と地方との争いですから市長が責任を持って国・地方係争処理でやるなり、国と裁判をやるなりして処理をすればいいので、始めから法律に書いてあることとぶつかるようなことは書けないんだと決めてかかる必要はない。

もっと緩やかに始めていって法律さえも変えていかせるような構えでやってみたらどうかということを私はおすすめしたいのです。

③　なにを優先する行政かを明記

自治体政府が意思決定をしたり、処理をするときに何を優先していく政府なのかをやはりどこかに書き込んでもらいたい。

これは原理原則の話ですが、ついでに、そのことが職員を救済するということがよく言われます。例えば、市民の方が窓口へきて、本当に困っているのをなんとかしてくれないかと訴えてくる。もう一人また別の方が来て、ちょうどその裏の事を言ってくるという板挟みのような事に出会ったことはありませんか。そういう時にどちらの声に耳を傾けるべきか、ここが窓口レベルの民主主義の難しいところです。縦型の古い構造のときには、それを判断するための材料が、通達や上級庁への「伺い」など多様にあった。そこで答えが見つからないときには、言ってきた人が町内会の役員か議員の紹介があったかとか、声の大きい人か小さい人かなど、そういうことで引きずられる可能性が結構ある。

そういう時に、自治基本条例の中で、このまちは何を大事にするのかという考え方の基本が決まっていれば、その大事にしていることにより近いほうを重視するという判断ができる。

分権一括法以降は、国の法令を解釈するにあたっては「地方公共団体の本旨に基づいて、かつ、国と地方の適切な役割分担の原則を踏まえて、これを解釈しなければならない」（地方自治法2条12項）という原則を書いておりますが、その解釈の基準が何なのかよく分からない。世のための人のため、住民のためになるような解釈、これも怪しいものがあります。この自治基本条例の中にその依るべき理念のようなものが与えられているということはとても大事なことだと考えています。

2　内容上の論点

①　議会の権能・運営条項をどうするか

さて次に内容上の論点として、一つは、議会の権能、議会の位置をどうするかという問題について、結構悩むと思います。このことについての知恵を絞ることが必要ですし、議会の方との徹底した討論が必要だと考えています。

今、議会はこのまちの現在と将来について、どのような役割を担っているのかということについての議論が必要です。

このことをどこかで講演しましたら、ある市の議会で問題になりました。「我々議会は、憲法93条に、地方公共団体には議事機関として議会を置くという規定を根拠にしている」と主張されて、私を名指しで批判した議員さんがおられました。

おっしゃる通り議会は憲法で置くことに決まっているのです。だけれども問題は、それでは私たち自身がこの地域で暮らしていくに当たって議会は何でしょうかということの答えにはならない。「憲法に書いてあるからあるんだ」というわけにはいかない。この議論を私たちは今から詰めていかなくてはいけない。これについて、私たち研究者自身も実は問われているのです。

② 法律が書いていることを再掲するか

例えば、市民には署名を集めて議会を解散する権利がある、市長や議員の選挙に立候補する権利、その選挙に投票する権利もある。「公の施設」の利用について差別されないという権利もある。これらはそれぞれの法律（地方自治法、公職選挙法）に定められています。それらをもう一度自治基本条例の中に、市民の政治的な権利として書くのかどうか。

積極派の議論は、市民の権利の一覧性を評価します。自治基本条例が余すところなく自治体政府に対する市民の権利を書き上げてあって、これをみれば何ができ、何ができないかが明らかになることが重要だといいます。消極派の意見は、立法コストと条例のボリュームを問題にします。

立法コストとは、法律に規定されている諸権利を精査して、「自治」の「基本」に関わるものをリストアップする作業、法律改正をフォローアップしていくコストのことです。ボリュームの問題は、自治基本条例が100条とか200条を超えるものになると、市民が理解し、運用し、改正していくのは大変だということです。いずれにせよ条例化に当たって検討しなければならない事項になりそうです。

③　住民投票をどう規定するか

住民投票が盛んに行われるようになりましたが、住民投票を自治基本条例の中でどう扱うかというのはどこの自治体も皆頭を絞っているところのようです。これも論点として上げておきましょう。

どのような論点があるかといいますと、第一に住民投票の制度を自治基本条例に書き込む場合、基本条例上に投票事項や投票方法、投票資格者などについて明記するか、それとも詳細は個別の住民投票条例に委ねるかを決定しなければなりません。第二に、この問題とも関連して住民投票を「常設型」に設計するか、それともその都度条例を制定する「個別型」に設計するかの問題があります。また、常設型にした場合の投票発動要件や、投票率の取扱いなども検討されてよいでしょう。

④　自治体の組織

自治体の行政組織のつくり方について、自治基本条例でどこまで書き込めるのかは、吟味する必要がありそうです。

一般的には、「効率的かつ機動的なものとなるよう、常に見直しに努めなければならない」（杉並区自治基本条例第１３条）など、行政組織に係る基本理念を掲げているものが多い。これ以上踏み込んだ規定が可能か、可能だとしてどのような意味があるかなどが論点になる。先に紹介した神原私案では「職員政策」まで踏み込んで5箇条を置く詳細なものになっています（表参照）。なかでも、行政組織の編成原則として「本庁組織」（分野別の政策及び事務を所掌する部門）、「区役所組織」（地域別の政策及び市民に対する直接サービス事務を所掌する部門）、「全庁組織」（計画、財政、人事等市行政全体に関する政策及び事務を所掌する全庁共通の部門）の「三部門に大別し、これを基本に編成すること」を掲げるなど、具体的に踏み込んだものになっているのが注目される。

⑤　権利救済

条例があって参加の権利が書き上げられているにもかかわらず、「私はこれを決める時に相談されなかった」というような人が来た場合に、これをどうやって救済するのだろうかということも考えていかなければなりません。救済の組織（たとえばオンブズ・パーソン）を設置するとか、なんらかの審査会のようなものが必要になるでしょう。

（本稿は二〇〇三年九月一四日、岐阜県多治見市で行った講演『自治体基本条例はなぜ必要か』の記録に一部補筆したものです。）

刊行にあたって

市町村は、様々な活動を行っており、それは、殆ど市民生活の全領域にわたっています。地方分権の推進、少子高齢化、市民ニーズの複雑化・多様化に伴い、市政に求められている役割は高度化してきています。一方、厳しい経済状況、国・地方を通じた財政危機により、財政状況は非常に厳しいものとなっています。

多治見市では、このような社会・経済の大きな変化に対応していくため、課題となっている分野の研究者や先進的に実践している方々をお招きし、講演会を開催しています。また、その内容をまとめ、ブックレットとして今まで四冊出版しています。

従来の市町村は、国の統治機構の一部としての色彩が色濃いものでした。また、その運営は、施策（＝策をほどこす）との言葉にみられるように、行政がルールを作り、意思決定し、実施していくものでした。

しかし、地方分権と住民自治の実現のためには、自己決定・自己責任の原則のもと、市民が、自ら、ルールを作り、意思決定し、実施していくことが必要です。また、市町村は、市民から信託を受けた地方政府として、運営されなければなりません。

このような考えから、市の憲法にあたる自治体基本条例の制定を目指しており、市民の皆様の手による条例づくりを進めていきたいと考えています。

その端緒として、今回、辻山幸宣先生をお招きし、「自治体基本条例はなぜ必要か」と題し講演会を開催しましたが、その内容を多くの皆様と共有していくため、公人の友社から出版することと致しました。この冊子が、多くの皆様にとって市町村のあり方を考える契機となることを願っています。

多治見市としては、今後も、講演会を通じ、諸課題に対していかに取り組んでいくのか、その糸口を探求していきたいと思っています。今後も、講演会の内容をまとめ、出版していきたいと考えていますので、多くの読者の方々からの御意見・御感想をいただければ幸いです。

平成十五年十一月二十日

多治見市長　西寺　雅也

著者紹介

辻山　幸宣（つじやま・たかのぶ）
地方自治総合研究所理事・主任研究員、中央大学講師、早稲田大学講師。
一九四七年、北海道生まれ。
中央大学大学院法学研究科修士課程修了。地方自治総合研究所常任研究員、中央大学法学部教授を経て、現職。

主な著書に『自治体の構想4・機構』（共著、岩波書店）、『「住民・市民と自治体のパートナーシップ（全3巻』（編集代表、ぎょうせい）、『「自治・分権システムの可能性』（共著、敬文堂）、『政策法務は地方自治の柱づくり』（公人の友社）など多数。

TAJIMI CITY Booklet No. 5
自治基本条例はなぜ必要か

２００３年１１月２０日　初版発行　　　定価（本体１，０００円＋税）
２００７年　８月３０日　二刷発行

著　者　　　辻山　幸宣
企　画　　　多治見市人事秘書課
発行人　　　武内　英晴
発行所　　　公人の友社
〒112-0002　東京都文京区小石川５－２６－８
ＴＥＬ０３－３８１１－５７０１
ＦＡＸ０３－３８１１－５７９５
振替　００１４０－９－３７７７３
メールアドレス　koujin@alpha.ocn.ne.jp

公人の友社のブックレット一覧

（03.11.20 現在）

TAJIMI CITY ブックレット

No.1
シンポジウム・多治見オリベスク
多治見市　429円（委託販売）

No.2
分権段階の総合計画づくり
松下圭一　400円（委託販売）

No.3
これからの行政活動と財政
西尾勝　1,000円

No.4
構造改革時代の手続的公正と第2次分権改革
手続的公正の心理学から
鈴木庸夫　1,000円

No.5
自治基本条例はなぜ必要か
辻山幸宣　1,000円

「地方自治ジャーナル」ブックレット

No.1
水戸芸術館の実験
森啓・横須賀徹 1,166円［品切れ］

No.2
政策課題研究の研修マニュアル
首都圏政策研究・研修研究会
1,359円

No.3
使い捨ての熱帯林
熱帯雨林保護法律家リーグ 971円

No.4
自治体職員世直し志士論
村瀬誠　971円

No.5
行政と企業は文化支援で何ができるか
日本文化行政研究会　1,166円

No.6
まちづくりの主人公は誰だ
浦野秀一・野本孝松・松村徹・田中富雄　1,166円　［品切れ］

No.7
パブリックアート入門
竹田直樹　1,166円

No.8
市民的公共と自治
今井照　1,166円

No.9
ボランティアを始める前に
佐野章二　777円

No.10
自治体職員の能力
自治体職員能力研究会　971円

No.11
パブリックアートは幸せか
山岡義典　1,166円

No.12
市民がになう自治体公務
パートタイム公務員論研究会
1,359円

No.13
行政改革を考える
山梨学院大学行政研究センター
1,166円

No.14
上流文化圏からの挑戦
山梨学院大学行政研究センター
1,166円

No.15
市民自治と直接民主制
高寄昇三　951円

No.16
議会と議員立法
上田章・五十嵐敬喜　1,600円

No.17
分権段階の自治体と政策法務
松下圭一他　1,456円

No.18
地方分権と補助金改革
高寄昇三　1,200円

No.19
分権化時代の広域行政
山梨学院大学行政研究センター
1,200円

No.20
あなたのまちの学級編成と地方分権
田嶋義介　1,200円

No.21
自治体も倒産する
加藤良重　1,000円

No.22
ボランティア活動の進展と自治体の役割
山梨学院大学行政研究センター
1,200円

No.23
新版・2時間で学べる「介護保険」
加藤良重　800円

No.24
男女平等社会の実現と自治体の役割
山梨学院大学行政研究センター
1,200円

No.25
市民がつくる東京の環境・公害条例
市民案をつくる会　1,000円

No.26
東京都の「外形標準課税」はなぜ正当なのか
青木宗明・神田誠司　1,000円

No.27
少子高齢化社会における福祉のあり方
山梨学院大学行政研究センター
1,200円

No.28
財政再建団体
橋本行史　1,000円

No.29
交付税の解体と再編成
高寄昇三　1,000円

No.30
町村議会の活性化
山梨学院大学行政研究センター
1,200円

No.31
地方分権と法定外税
外川伸一　800円

No.32
東京都銀行税判決と課税自主権
高寄昇三　1,000円

No.33
都市型社会と防衛論争
松下圭一　900円

No.34
中心市街地の活性化に向けて
山梨学院大学行政研究センター
1,200円

No.35
自治体企業会計導入の戦略
高寄昇三　1,100円

No.36
行政基本条例の理論と実際
神原勝・佐藤克廣・辻道雅宣
1,100円

No.37
市民文化と自治体文化戦略
松下圭一　800円

「地方自治土曜講座」ブックレット

《平成7年度》

No.1
現代自治の条件と課題
神原勝　900円

No.2
自治体の政策研究
森啓　600円

No.3
現代政治と地方分権
山口二郎　[品切れ]

No.4
行政手続と市民参加
畠山武道　[品切れ]

No.5
成熟型社会の地方自治像
間島正秀　500円

No.6
自治体法務とは何か
木佐茂男　[品切れ]

No.7
自治と参加アメリカの事例から
佐藤克廣　[品切れ]

No.8
政策開発の現場から
小林　勝彦・大石和也・川村喜芳
[品切れ]

《平成8年度》

No.9
まちづくり・国づくり
五十嵐広三・西尾六七　500円

No.10
自治体デモクラシーと政策形成
山口二郎　500円

No.11
自治体理論とは何か
森啓　600円

No.12
池田サマーセミナーから
間島正秀・福士明・田口晃　500円

No.13
憲法と地方自治
中村睦男・佐藤克廣　500円

No.14
まちづくりの現場から
斎藤外一・宮嶋望　500円

No.15
環境問題と当事者
畠山武道・相内俊一　[品切れ]

No.16
情報化時代とまちづくり
千葉純・笹谷幸一　[品切れ]

No.17
市民自治の制度開発
神原勝　500円

《平成9年度》

No.18
行政の文化化
森啓　600円

No.19
政策法学と条例
阿倍泰隆　[品切れ]

No.20
政策法務と自治体
岡田行雄　[品切れ]

No.21
分権時代の自治体経営
北良治・佐藤克廣・大久保尚孝
600円

No.22
地方分権推進委員会勧告と
これからの地方自治
西尾勝　500円

No.23
産業廃棄物と法
畠山武道　[品切れ]

No.25
自治体の施策原価と事業別予算
小口進一　600円

No.26
地方分権と地方財政
横山純一　[品切れ]

《平成10年度》

No.27
比較してみる地方自治
田口晃・山口二郎　[品切れ]

No.28
議会改革とまちづくり
森啓　400円

No.29
自治の課題とこれから
逢坂誠二　[品切れ]

No.30
内発的発展による地域産業の
振興
保母武彦　600円

No.31
地域の産業をどう育てるか
金井一頼　600円

No.32
金融改革と地方自治体
宮脇淳　600円

No.33
ローカルデモクラシーの統治
能力
山口二郎　400円

No.34
政策立案過程への「戦略計画」
手法の導入
佐藤克廣　500円

No.35
98サマーセミナーから
「変革の時」の自治を考える
神原昭子・磯田憲一・大和田建太郎
600円

No.36
地方自治のシステム改革
辻山幸宣　400円

No.37
分権時代の政策法務
礒崎初仁　600円

No.38
地方分権と法解釈の自治
兼子仁　400円

No.39
市民的自治思想の基礎
今井弘道　500円

No.40
自治基本条例への展望
辻道雅宣　500円

No.41
少子高齢社会と自治体の福祉
法務
加藤良重　400円

《平成11年度》

No.42
改革の主体は現場にあり
山田孝夫　900円

No.43
自治と分権の政治学
鳴海正泰　1,100円

No.44
公共政策と住民参加
宮本憲一　1,100円

No.45
農業を基軸としたまちづくり
小林康雄　800円

No.46
これからの北海道農業とまち
づくり
篠田久雄　800円

No.47
自治の中に自治を求めて
佐藤　守　1,000円

No.48
介護保険は何を変えるのか
池田省三　1,100円

No.49
介護保険と広域連合
大西幸雄　1,000円

No.50
自治体職員の政策水準
森啓　1,100円
No.51
分権型社会と条例づくり
篠原　一　1,000円
No.52
自治体における政策評価の課題
佐藤克廣　1,000円
No.53
小さな町の議員と自治体
室崎正之　900円
No.54
地方自治を実現するために法が果たすべきこと
木佐茂男　［未刊］
No.55
改正地方自治法とアカウンタビリティ
鈴木庸夫　1,200円
No.56
財政運営と公会計制度
宮脇淳　1,100円
No.57
自治体職員の意識改革を如何にして進めるか
林嘉男　1,000円

《平成12年度》

No.58
北海道の地域特性と道州制の展望
神原勝　［未刊］
No.59
環境自治体とＩＳＯ
畠山武道　700円
No.60
転型期自治体の発想と手法
松下圭一　900円
No.61
分権の可能性
スコットランドと北海道
山口二郎　600円
No.62
機能重視型政策の分析過程と財務情報
宮脇淳　800円
No.63
自治体の広域連携
佐藤克廣　900円
No.64
分権時代における地域経営
見野全　700円
No.65
町村合併は住民自治の区域の変更である。
森啓　800円
No.66
自治体学のすすめ
田村明　900円
No.67
市民・行政・議会のパートナーシップを目指して
松山哲男　700円
No.69
新地方自治法と自治体の自立
井川博　900円
No.70
分権型社会の地方財政
神野直彦　1,000円
No.71
自然と共生した町づくり
宮崎県・綾町
森山喜代香　700円
No.72
情報共有と自治体改革
ニセコ町からの報告
片山健也　1,000円

《平成13年度》

No.73
地域民主主義の活性化と自治体改革
山口二郎　600円
No74
分権は市民への権限委譲
上原公子　1,000円
No.75
今、なぜ合併か
瀬戸亀男　800円
No.76
市町村合併をめぐる状況分析
小西砂千夫　800円
No.77
自治体の政策形成と法務システム
福士明　［未刊］
No.78
ポスト公共事業社会と自治体政策
五十嵐敬喜　800円
No79
男女共同参画社会と自治体政策
樋口恵子　［未刊］
No.80
自治体人事政策の改革
森啓　800円

《平成14年度》

No.81
自治体とＮＰＯとの関係
田口晃　［未刊］
No.82
地域通貨と地域自治
西部忠　900円
No.83
北海道経済の戦略と戦術
宮脇淳　800円
No.84
地域おこしを考える視点
矢作弘　700円

No.87
北海道行政基本条例論
神原勝　1,100円

No.90
「協働」の思想と体制
森啓　800円

No.91
協働のまちづくり
三鷹市の様々な取組みから
秋元政三　700円

《平成15年度》

No.92
シビル・ミニマム再考
ベンチマークとマニフェスト
松下圭一　900円

No.93
市町村合併の財政論
高木　健二　800円

No.94
北海道自治のかたち論
神原　勝　[未刊]

朝日カルチャーセンター
地方自治講座ブックレット

No.1
自治体経営と政策評価
山本清　1,000円

No.2
ガバメント・ガバナンスと
行政評価システム
星野芳昭　1,000円

No.4
政策法務は地方自治の柱づくり
辻山幸宣　1,000円

No.5
政策法務がゆく
北村喜宣　1,000円

公人の友社の本

闘う知事が語る!
「三位一体」改革と
マニフェストが日本を変える
自治・分権ジャーナリストの会
1,600円

社会教育の終焉[新版]
松下圭一　2,500円

自治体人件費の解剖
高寄昇三　1,700円

都市は戦争できない
五十嵐敬喜+立法学ゼミ
1,800円

挑戦する都市　多治見市
多治見市　2,000円

自治体と福祉改革
少子・超高齢社会に向けて
加藤良重　2,200円

国土開発と自治体法政策
駒谷治克　2,800円

米国都市の行財政
近藤直光　1,800円

新市民時代の文化行政
中川幾郎　1,942円

現代地方自治キーワード186
小山善一郎　2,600円

地方公務員スピーチ実例集
小野昇　2,000円

アートを開く
パブリックアートの新展開
竹田直樹　4,200円

日本の彫刻設置事業
竹田直樹　3,900円

教師が変われば子供が変わる
船越準蔵　1,400円

学校公用文実例百科
学校文書研究会　3,865円